Introduzione

Dal 19 aprile al 24 giugno 2015, in occasione dei duecento anni dalla nascita di san Giovanni Bosco, a Torino si tiene l'ostensione straordinaria della Sindone, il lenzuolo di lino sul quale è visibile l'immagine di un uomo che porta i segni della crocifissione. Un'antica tradizione identifica quest'uomo con Gesù e ritiene che il lenzuolo (il termine greco *sindon* indica appunto il tessuto di lino) sia quello usato per avvolgere il corpo del Risorto nel sepolcro.

Sui misteri e sulla storia della Sindone (una reliquia che suscita grande passione ma anche molte controversie tra gli studiosi) esiste ormai una vastissima letteratura. Attraverso questo agile e immediato strumento cercheremo di offrire alcuni spunti utili a ricollocare la reliquia nel suo contesto originario: la Terra Santa del tempo di Gesù, la cultura giudaica del I secolo, i racconti evangelici della Passione e della Risurrezione.

Finito di stampare nel febbraio 2015
da flyeralarm srl, Bolzano
per conto di Fondazione Terra Santa
ISBN 978-88-6240-325-2

I luoghi della Passione

Nell'orto dell'Agonia

Vangelo

Allora Gesù andò con loro in un podere, chiamato Getsemani, e disse ai discepoli: «Sedetevi qui, mentre io vado là a pregare». E, presi con sé Pietro e i due figli di Zebedeo, cominciò a provare tristezza e angoscia. E disse loro: «La mia anima è triste fino alla morte; restate qui e vegliate con me». Andò un poco più avanti, cadde faccia a terra e pregava, dicendo: «Padre mio, se è possibile, passi via da me questo calice! Però non come voglio io, ma come vuoi tu!».

(Mt 26,36-39)

Il luogo

La Basilica dell'Agonia, presso il Getsemani, fu progettata dall'architetto Antonio Barluzzi e completata nel 1924. L'interno è un grande ambiente unico interrotto solamente da due file di sei colonne. Il suo punto focale è la nuda pietra ai piedi dell'altare, testimonianza della preghiera di Gesù.

Il Getsemani fu un luogo sacro per i cristiani fin da tempi antichissimi, meta di numerosi pellegrinaggi in quanto sito dove si riteneva che Cristo avesse pregato prima della Passione. Ne parla in questi termini Eusebio, vescovo di Cesarea nel IV secolo e autore di una vasta produzione letteraria che narra i primi secoli del cristianesimo. Dello stesso periodo è la testimonianza della pellegrina Egeria, che racconta nel suo *Itinerarium* di aver visitato in quel luogo una chiesa, definita «elegante». Fatta edificare dall'imperatore Teodosio il Grande, essa dovette avere una vita molto breve, poiché non se ne trova più il ricordo dopo il IV secolo. Un cronista anonimo segnala, negli anni 1130-1150, la presenza di un piccolo oratorio, poi sostituito dai crociati con una chiesa più grande dedicata al SS. Salvatore. Dopo la conquista di Gerusalemme da parte del Saladino nel 1187, questa fu abbandonata a causa dell'allontanamento forzato dei cristiani che abitavano nella zona.

Nel 1847 il luogo divenne proprietà dei francescani, che negli anni successivi ne fecero oggetto di scavi archeologici. Nel 1891 affiorarono le rovine della chiesa crociata del Salvatore. L'allora Custode di Terra Santa decise di edificare una nuova basilica proprio su quelle rovine. Nel 1920, quando già era stata posata la prima pietra, vennero ritrovati i resti della chiesa più antica, citata da Egeria, con mosaici, fondazioni e basi di colonne. Da qui la decisione di costruire il nuovo luogo di culto non più sopra i resti crociati ma sopra quelli dell'edificio bizantino.

L'interno della Basilica dell'Agonia con la pietra sulla quale, secondo la tradizione, Gesù si raccolse in preghiera poco prima del tradimento di Giuda e della cattura

Gli ulivi, testimoni della Passione

Accanto alla basilica, nell'Orto Sacro, si custodiscono otto ulivi antichissimi. Un'indagine del Consiglio Nazionale delle Ricerche (Cnr) di Firenze ha stabilito che i loro profili genetici sono identici. Le piante, cioè, sono «gemelle», figlie di un unico esemplare adulto. L'età della parte superiore del tronco è di circa 900 anni, ma l'identità genetica fa presumere che derivino da ulivi molto più antichi, forse quegli stessi che sono stati testimoni silenziosi della passione del Cristo.

La via della Croce

Vangelo

Allora Pilato fece prendere Gesù e lo fece flagellare. E i soldati, intrecciata una corona di spine, gliela posero sul capo e gli misero addosso un mantello di porpora. Poi gli si avvicinavano e dicevano: «Salve, re dei Giudei!». E gli davano schiaffi. Pilato uscì fuori di nuovo e disse loro: «Ecco, io ve lo conduco fuori, perché sappiate che non trovo in lui colpa alcuna». Allora Gesù uscì, portando la corona di spine e il mantello di porpora. E Pilato disse loro: «Ecco l'uomo!».

(Gv 19,1-5)

Il luogo

La prima cappella dedicata alla memoria della flagellazione di Gesù venne costruita nel XII secolo dai crociati, ma poi lasciata in abbandono per molti secoli, trasformata in stalla e successivamente in bottega per i tessitori. Nel 1836 essa fu donata ai francescani, che la riaprirono al culto e iniziarono le opere di restauro, anche grazie a una donazione fatta nel 1838 da Massimiliano di Baviera, ricordata nella lapide sull'attuale facciata. L'architetto Antonio Barluzzi restaurò il santuario nel 1929 mantenendone lo stile medievale. Le vetrate, opera di Duilio Cambellotti, raffigurano il giudizio di Pilato, la flagellazione di Gesù e la liberazione di Barabba.

Di fronte al santuario, nel 1904, venne ricostruita da fra Wendelin Hinterkeuser la Cappella della Condanna, sulle rovine di un edificio sacro di epoca medievale venute casualmente alla luce pochi anni prima. Non si conosce il nome dell'antica chiesa; la nuova ricevette questo titolo a causa del pavimento di pietra a grandi lastre (che continua anche sotto il vicino santuario dell'Ecce Homo) considerato allora parte del Litòstroto, citato nei racconti evangelici come luogo in cui Pilato stabilì il suo seggio per il giudizio di Gesù e dal quale questi uscì portando sulle spalle la croce.

Lungo la Via Dolorosa, memoria della Passione

La tradizione delle stazioni della Via Crucis risale ai primissimi secoli del cristianesimo. La pellegrina Egeria, alla fine del IV secolo, racconta che gli esponenti della comunità cristiana di Gerusalemme avevano individuato alcuni punti, dentro le mura della città e fuori, dove pregare e fare memoria degli eventi culminanti della vita di Gesù. Secondo un'antica tradizione, anche la Madonna andava da sola a visitare quei luoghi. La struttura attuale ha preso forma in epoca post-medievale, dal XIV-XV secolo. I francescani hanno raccolto l'eredità delle prime comunità e l'hanno fissata nelle stazioni che ancora oggi vengono percorse lungo le strade della Città Vecchia di Gerusalemme.

La Via Crucis del Venerdì Santo nella Città Vecchia di Gerusalemme, lungo le stazioni della Via Dolorosa

La via della Croce

I. Gesù è condannato a morte
II. Gesù è caricato della croce
III. Gesù cade la prima volta
IV. Gesù incontra Maria sua madre
V. Simone il Cireneo aiuta Gesù a portare la croce
VI. La Veronica asciuga il volto di Gesù
VII. Gesù cade la seconda volta
VIII. Gesù incontra le donne di Gerusalemme
IX. Gesù cade la terza volta
X. Gesù è spogliato delle sue vesti
XI. Gesù è inchiodato alla croce
XII. Gesù muore sulla croce
XIII. Gesù è deposto dalla croce
XIV. Il corpo di Gesù è deposto nel sepolcro

Dal Calvario al Sepolcro

Vangelo

Quando giunsero sul luogo chiamato Cranio, vi crocifissero lui e i malfattori, uno a destra e l'altro a sinistra. Gesù diceva: «Padre, perdona loro perché non sanno quello che fanno». Poi dividendo le sue vesti, le tirarono a sorte. Era già verso mezzogiorno e si fece buio su tutta la terra fino alle tre del pomeriggio, perché il sole si era eclissato. Il velo del tempio si squarciò a metà. Gesù, gridando a gran voce, disse: «Padre, nelle tue mani consegno il mio spirito». Detto questo, spirò.

(Lc 23,33-34. 44-46)

Passato il sabato, Maria di Màgdala, Maria madre di Giacomo e Salome comprarono oli aromatici per andare a ungerlo. Di buon mattino, il primo giorno della settimana, vennero al sepolcro al levare del sole. Dicevano tra loro: «Chi ci farà rotolare via la pietra dall'ingresso del sepolcro?». Alzando lo sguardo, osservarono che la pietra era già stata fatta rotolare, benché fosse molto grande.

Entrate nel sepolcro, videro un giovane, seduto sulla destra, vestito d'una veste bianca, ed ebbero paura. Ma egli disse loro: «Non abbiate paura! Voi cercate Gesù Nazareno, il crocifisso. È risorto, non è qui. Ecco il luogo dove l'avevano posto».

(Mc 16,1-6)

Il luogo

La basilica del Santo Sepolcro racchiude le memorie della morte e risurrezione di Gesù. I primi edifici sacri furono costruiti qui per volere di Costantino tra il 327 e il 335. Eusebio di Cesarea riferisce che l'imperatore diede ordine di abbattere il tempio pagano fatto edificare all'epoca del suo predecessore Adriano (135 d.C.) «e allora, contro ogni speranza, apparve...

il venerando e santissimo testimonio della risurrezione salvifica». La basilica costantiniana tripartita (Anastasis, Martyrion e Triportico), venne quasi rasa al suolo nel 1009 per volere del califfo Al Hakim. Nelle successive ricostruzioni prese vita l'attuale struttura: un unico edificio che ha il suo fulcro nella rotonda dell'Anastasis, cuore di questo luogo e di tutta la cristianità.

Subito dopo l'ingresso della basilica, sulla destra, alcuni ripidi gradini conducono al «monte» del Gòlgota. Lo spuntone di roccia, che doveva trovarsi all'aperto al tempo della pellegrina Egeria, si eleva di circa cinque metri. Il piano sopraelevato, realizzato dai crociati, è suddiviso in due navate: a destra la **Cappella della Crocifissione**, proprietà dei cattolici latini, in cui si officiano la X e XI stazione della Via Crucis ricordando la svestizione di Gesù e la sua crocifissione; a sinistra la **Cappella del Calvario**, che appartiene ai greco-ortodossi. Qui i fedeli possono inginocchiarsi sotto l'altare per toccare, attraverso un disco d'argento, il luogo in cui venne issata la croce.

Ai piedi del Calvario troviamo la **Pietra dell'Unzione**, posta esattamente davanti all'entrata della basilica e citata per la prima volta dal pellegrino Ricoldo da Mantecroce nel 1388. Essa ricorda il rito dell'unzione del corpo senza vita di Gesù ed è particolarmente venerata dai pellegrini ortodossi.

Procedendo all'interno della chiesa, sulla sinistra si giunge alla rotonda dell'Anastasis, imponente mausoleo sopra il sepolcro di Cristo, unico elemento rimasto (benché più volte restaurato) dell'antico complesso costantiniano.

Al centro della rotonda, sovrastata dalla grande cupola, si trova l'edicola che racchiude la Tomba vuota di Gesù. Fatto isolare dagli architetti di Costantino, il sepolcro è stato oggetto, attraverso i secoli, di distruzioni, rifacimenti, abbellimenti e restauri. L'edicola che lo custodisce attualmente fu realizzata dai greco-ortodossi dopo l'incendio del 1808 e sostituì la precedente costruzione dei francescani, del XVI secolo.

Lavori di restauro iniziati negli anni Sessanta del Novecento hanno permesso di approfondire meglio le conoscenze sulla storia e la topografia di questo luogo all'epoca di Cristo: un'antica cava di pietra (situata fuori della città) trasformata in giardino. In una parete di questa cava, Giuseppe d'Arimatea aveva fatto scavare nella roccia il sepolcro di famiglia, quello che ospitò il corpo di Gesù deposto dalla croce.

Pianta attuale della basilica del Santo Sepolcro

La «tomba vuota» del Santo Sepolcro

L'edicola del Santo Sepolcro è suddivisa all'interno in due ambienti. Il primo, la cappella dell'Angelo, conserva un pezzo della pietra che chiudeva la tomba di Gesù, sulla quale l'angelo sedeva il mattino di Pasqua. Una bassa porta di 133 centimetri introduce nella seconda camera, dove fu deposto il corpo di Gesù. Il banco di roccia originario è oggi protetto da una lastra di marmo. Sopra di essa, quadri e bassorilievi incorniciati d'argento rappresentano il trionfo di Cristo Risorto che esce dal sepolcro.

Lo specchio della Passione

La Sindone e i Vangeli

Vangelo

Correvano insieme tutti e due, ma l'altro discepolo corse più veloce di Pietro e giunse per primo al sepolcro. Si chinò, vide i teli posati là, ma non entrò. Giunse intanto anche Simon Pietro, che lo seguiva, ed entrò nel sepolcro e osservò i teli posati là, e il sudario – che era stato sul suo capo – non posato là con i teli, ma avvolto in un luogo a parte. Allora entrò anche l'altro discepolo, che era giunto per primo al sepolcro, e vide e credette.

(Gv 20,4-8)

Il testo

Dopo aver dato uno sguardo ai luoghi che hanno visto la morte e la risurrezione di Cristo, concentriamo ora la nostra attenzione sul lenzuolo che secondo la tradizione avrebbe avvolto il corpo di Gesù di Nazaret. Cosa raccontano della Sindone le fonti evangeliche?

Nel racconto della sepoltura di Gesù, l'attenzione è rivolta, oltre che al sepolcro nuovo, a un tessuto di lino nel quale il corpo viene avvolto. I Sinottici lo chiamano *sindôn* (Mc 15,46; Mt 27,59; Lc 23,53). Fu Giuseppe d'Arimatea a comprarlo per avvolgere la salma del Maestro. Nel vangelo di Giovanni, che passa per essere il più storico e il più teologico, il racconto della sepoltura pone però alcuni problemi, perché il vocabolario usato è diverso da quello dei Sinottici. Giovanni (19,40) dice che Giuseppe d'Arimatea e Nicodemo presero il corpo di Gesù e lo avvolsero in *othónia* (teli, o fasce) con gli aromi, secondo il costume dei giudei.

Il cammino della fede: «Vide e credette»

Nel racconto della Risurrezione, Giovanni mette l'accento sulla progressione della fede dei due discepoli accorsi al sepolcro, e lo fa utilizzando tre verbi diversi: il verbo *blepô* che ha il senso di visione oculare («vide i teli posati là»), il verbo *theôreô* che implica un guardare con riflessione («entrò nel sepolcro e osservò i teli») e infine il verbo *horaô* («e vide e credette») che esprime l'atto di intuitiva comprensione di ciò che si è visto e precede la fede. Solo in riferimento al discepolo amato questo brano ci dice che «vide e credette». Per Pietro il problema rimane aperto. Sarà risolto nel capitolo 21 del quarto vangelo: «Signore, tu conosci tutto; tu sai che ti voglio bene».

Il racconto di Giovanni

Il giorno dopo il sabato Pietro e Giovanni corrono al sepolcro di Gesù. Giovanni, lo racconta egli stesso, arriva per primo ma non entra. **Che cosa vede l'Apostolo rimanendo fuori dalla tomba?** Il testo descrive la posizione delle fasce (*keimenai tà othónia*) viste all'interno. Monsignor Giuseppe Ghiberti, esperto della Sindone di Torino e del vangelo di Giovanni, traduce questo verbo con «vede distendersi i teli». Il senso generale del termine *othónion* è «tessuto di lino». Indica anche le bende di tela per fasciare ferite, ma non ci sono elementi che appoggino l'interpretazione di strisce di stoffa e non ci sono prove che gli ebrei avvolgessero i morti come gli egiziani. Sulla base dei dati filologici si potrebbe accettare l'equivalenza dei termini *sindôn* e *othónia*, ma bisogna spiegare perché Giovanni scelga una **terminologia diversa** da quella dei Sinottici.

Quando racconta la sepoltura di Lazzaro, il quarto vangelo parla di legacci che servivano per tenere legati mani e piedi nel trasporto verso la tomba. Il sostantivo greco è *keiríai*, bende. Per la sepoltura di Cristo non siamo però di fronte a «bende», ma a fasce. Se il corpo di Gesù fosse stato stretto da bende in alcuni punti, queste, essendo di ridotte dimensioni, avrebbero messo in evidenza la Sindone, di cui invece Giovanni non parla. Secondo monsignor Ghiberti, egli fa riferimento solo alle fasce nel descrivere ciò che vede dentro la tomba. La Sindone, che copriva il corpo, era completamente nascosta dalle

Eugène Burnand, *I discepoli Pietro e Giovanni corrono al Sepolcro la mattina della Risurrezione*

fasce e per questo Giovanni, a differenza dei Sinottici, non ne fa menzione.

Se si accetta invece, come alcuni testi fanno, l'equivalenza tra la Sindone e le *othónia*, è possibile fare un'altra ipotesi. Il quarto vangelo sceglie un termine diverso dai Sinottici per dare un **senso simbolico alla sepoltura**. *Othónia*, infatti, è il termine usato anche per la veste del sommo sacerdote. Gesù viene rivestito di lino bianco, dunque, come il sacerdote nel giorno di *Kippur*.

Ghiberti fa notare infine come Giovanni voglia sottolineare l'**afflosciarsi dei teli**, adoperando il verbo *keísthai*. Antonio Persili (*Sulle tracce del Cristo risorto*, Tivoli 1988) commenta: «Il significato che Giovanni vuol dare a questo verbo è far risaltare che prima le fasce erano rialzate, perché all'interno c'era il corpo; dopo la risurrezione, invece, le fasce erano abbassate, distese, giacendo nel medesimo posto in cui si trovavano quando contenevano il corpo di Gesù». Le fasce distese costituiscono la **prima traccia della Risurrezione**. Per il discepolo amato questo segno è sufficiente per provocare la fede.

Cosa vediamo sulla Sindone

La Sindone di Torino è un antico **lenzuolo di lino** di buona fattura, a struttura spigata, lungo circa 4,36 metri e alto circa 1,10 metri. Sul verso del lenzuolo è visibile **l'immagine frontale e dorsale** di un uomo.

L'immagine della Sindone parla di morte e ce ne rivela le cause, raccontandoci con struggente efficacia i particolari che hanno caratterizzato la **tortura della crocifissione**. L'antichità ha conosciuto per lungo tempo questa pena, ma all'attestazione della frequenza del supplizio non si accompagna altrettanta abbondanza nella descrizione delle sue modalità. Desta quindi grande interesse il fatto che si riscontri una rilevante corrispondenza tra i particolari della tortura dell'uomo della Sindone e quelli che la **narrazione evangelica** ci trasmette della vicenda finale della vita di Gesù di Nazaret. Le voci che richiamano maggiormente l'attenzione sono **l'incoronazione di spine e la ferita al costato**: ambedue non abituali nella crocifissione, ma presenti nei vangeli e sulla Sindone. A questi si aggiungono la terribile **flagellazione**, che invece non era rara, le **ferite da chiodi alle mani e ai piedi** e una varietà di colpi inflitti al volto.

Quel costato ferito e le mani trafitte dai chiodi

Non vi sono dubbi che l'uomo raffigurato sia morto, lo dimostrano i segni della **rigidità** cadaverica: la **posizione del capo**, che non si appoggia all'indietro sul lenzuolo ma è un po' reclinato in avanti; l'atteggiamento retratto del **piede sinistro** (per chi guarda, e quindi destro della persona crocifissa) che dopo lo schiodamento dalla croce non è tornato completamente parallelo all'altro, che era invece stato teso; la **durezza dei muscoli degli arti** che toccano il piano sepolcrale e che hanno perso l'elasticità del vivo senza avere ancora acquisito la morbidezza che dà inizio alla decomposizione. Lo dimostrano infine il sangue «cadaverico» che sgorga dalla ferita del petto e l'esistenza di un complesso di lesioni tanto grave da risultare incompatibile con la vita. Le cause della morte sono da individuare nelle torture subite dall'uomo e attestate nell'immagine, in particolare tramite **i segni dei chiodi** alle mani e ai piedi.

Una maschera di dolore

Il volto è tumefatto e ricoperto da un velo di sangue, come ha rivelato la scannerizzazione del retro del telo sindonico, dove non è visibile alcuna immagine mentre viene invece rilevata ogni presenza ematica. Manifesta dei **rigonfiamenti**, una probabile frattura del setto nasale e forse la spaccatura di un labbro. **I capelli** scendono rigidi ai lati del volto a causa del sangue raggrumato, così come rigida è la barba. **La fronte** è solcata da un **rivo di sangue** che si ferma al sopracciglio e, superando le rughe, assume la figura di un «tre» rovesciato o di una *epsilon* (e). Anche sulla testa i capelli sono intrisi di sangue; si indovina la presenza di **molte piccole ferite** che hanno offeso il cuoio capelluto provocando abbondanti emorragie che confluiscono alla base della nuca.

Il tormento della flagellazione

Specialmente sulla parte posteriore del corpo, tra **schiena** e **gambe**, sono visibili numerosissimi segni di colpi provocati probabilmente da flagello. Ancora sulla parte posteriore, all'altezza delle **spalle**, si notano due macchie scure, forse causate dallo sfregamento contro le spalle e la schiena del tronco trasversale della croce, il *patibulum*, durante il suo trasporto da parte del condannato. Sulla parte anteriore della figura umana, nel quinto **spazio intercostale**, è presente una larga ferita di 4,5 per 1,5 centimetri, da punta e taglio, dalla quale proviene sangue cadaverico e che durante il trasporto della salma ha formato una cintura trasversale alla schiena.

I segni di una lunghissima storia

La Sindone porta i segni di **numerose bruciature**. Le più vistose sono conseguenza dell'incendio del 4 dicembre 1532 alla Sainte Chapelle di Chambéry, durante il quale un oggetto rovente (gocce d'argento fuso, o una parte del reliquiario) aprì nel lenzuolo ripiegato dei **fori triangolari**, disposti simmetricamente ai lati dell'immagine. Nel 1534 le clarisse di Chambéry ripararono i danni cucendo sui fori delle pezze di tessuto e impunturando la Sindone su un telo di supporto. Nel 2002, in un intervento di restauro conservativo, tutti i rappezzi sono stati rimossi e il telo di supporto originale è stato sostituito. Altre bruciature, più piccole, formano quattro gruppi di fori approssimativamente **circolari o lineari**. Non si conosce l'evento che li produsse ma esso fu certamente anteriore al 1516, poiché i segni compaiono in una copia della Sindone dipinta in tale data e conservata a Lirey, in Francia.

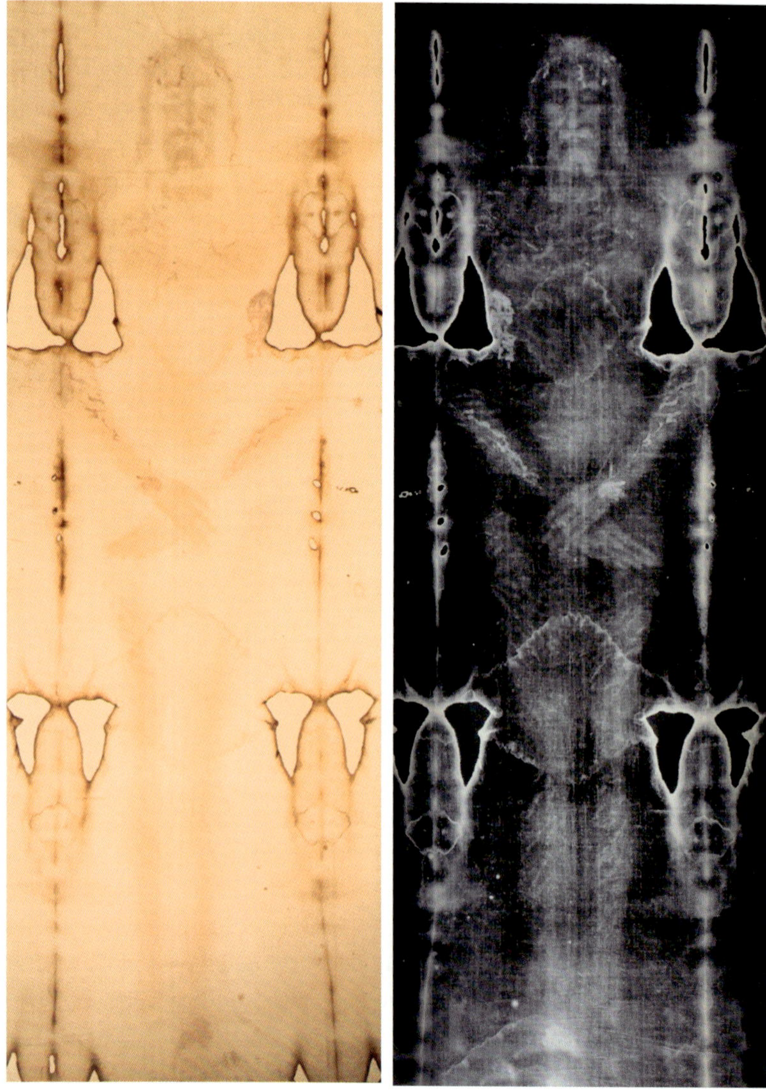

Un lungo viaggio

La storia

Dove sarebbe stato conservato il sacro lino dopo la Risurrezione? Secondo alcuni studiosi della Sindone, fu la prima comunità cristiana di Gerusalemme a custodire e venerare il lenzuolo che aveva avvolto il corpo di Gesù. Proprio dai primi cristiani, in fuga dalla Città Santa nel 66 d.C. (periodo della guerra giudaica contro i Romani), la reliquia sarebbe stata portata a Pella, oltre il Giordano.

Esistono numerosi riferimenti, nella letteratura antica, all'esistenza della Sindone. Se ne parla in alcuni vangeli apocrifi e san Cirillo di Gerusalemme ne fa menzione in due omelie del IV secolo. Nel VII secolo Braulione, vescovo di Saragozza, riferisce in una lettera dei «lini e del sudario» di Cristo, ipotizzando che siano stati conservati dagli Apostoli. Il monaco e vescovo Arculfo, pellegrino a Gerusalemme attorno al 670, descrive invece il ritrovamento del sudario e il culto ad esso attribuito. Il lino («di quasi otto piedi di lunghezza») era custodito in uno scrigno e venerato dal popolo, ma non ci sono prove che si potesse trattare della Sindone che conosciamo oggi. Alla metà dell'VIII secolo Papa Stefano II accenna alla figura del volto e dell'intero corpo di Gesù «divinamente trasferito» su un lenzuolo, ma anche in questo caso non è possibile affermare con certezza che si trattasse dello stesso telo di Torino.

Secondo lo studioso Jack Markwardt, la Sindone sarebbe stata conservata nei primi secoli ad Antiochia, nascosta a causa delle persecuzioni e poi delle dispute teologiche tra cristiani. Nel 540, quando Antiochia fu assediata dai persiani, la Sindone sarebbe stata trasferita a Edessa e da lì, a causa dell'occupazione islamica del 944, a Costantinopoli. Quest'ultima venne saccheggiata dai crociati nel 1204, ed è proprio a questo punto che della Sindone si perdono le tracce.

Nel 1353 a Lirey, in Francia, veniva terminata una chiesa in onore dell'Annunciazione fatta costruire dal signore del posto, Geoffroy de Charny. Egli annunciò di essere in possesso del telo che aveva avvolto il corpo di Cristo e lo fece collocare nel nuovo edificio. La Sindone venne subito fatta **oggetto di grande venerazione**, mentre da più parti si sollevavano dubbi e polemiche. Le controversie durarono per decenni, concludendosi con la conferma della concessione di ostensione.

Da allora è possibile seguire **senza interruzioni** le vicende della Sindone: nel 1418 fu ritirata dalla chiesa di Lirey dall'ultima Charny, Margherita, che nel 1453 la cedette a Ludovico di Savoia. I Savoia la portarono con sé nei loro spostamenti, finché nel 1502 la collocarono nella cappella del loro palazzo ducale a Chambéry. Poco dopo, nel 1506, Papa Giulio II ne **autorizzò il culto e le ostensioni pubbliche**.

Nel 1578 Emanuele Filiberto trasferì la Sindone a Torino, nuova capitale del suo ducato, e nel 1694 il telo venne posto nella **Cappella del Guarini**, costruita sulla linea divisoria tra duomo e palazzo reale. La Sindone fu portata per breve tempo a Genova nel 1706 e si allontanò nuovamente da Torino nel 1939 per sfuggire ai **pericoli dei bombardamenti** della II guerra mondiale. Accolta dai monaci di Montevergine, in Campania, nel 1946 tornò stabilmente nella Cappella del Guarini, dove si trova tuttora.

La Sindone raccontata da un cronista del Cinquecento

Tra il 1517 e il 1518, il canonico Antonio De Beatis compì un viaggio per l'Europa al seguito del cardinale Luigi d'Aragona. Nella sua relazione di viaggio, egli descrive in maniera molto dettagliata il telo sindonico custodito a Chambéry: «Detto lenzuolo sindone o Santo Sudario – testimonia De Beatis – è alto cinque palmi e mezzo circa e lungo poco più della statura di Cristo, però duplicato dalla parte davanti e dietro; le forme del gloriosissimo corpo sono impresse e ombreggiate dal preziosissimo sangue di Gesù Cristo dove appaiono chiarissimamente i segni delle percosse, delle corde alle mani, della corona in fronte, delle ferite alle mani e ai piedi e soprattutto quella al santissimo costato, con certe gocce di sangue sparso fuori dal santissimo disegno, tali che darebbero devozione e terrore ai Turchi nonché ai cristiani».

La Sindone e i Templari

Tra storia e leggenda

Come la Sindone fosse giunta a Lirey non è noto con chiarezza: si parla di dono o di «conquista». Il cammino precedente viene ricostruito in base a **notizie dall'interpretazione incerta**. Il 1204 è una data fondamentale, per le notizie tramandate sulla città di Costantinopoli dai crociati latini.

Pellegrini al Sepolcro, particolare di una miniatura del Maestro Boucicaut, Parigi, Biblioteca Nazionale (Foto Archivio Alinari)

Uno di loro, Robert de Clari, racconta infatti di aver venerato, proprio lì, una sindone sulla quale è visibile l'immagine di Cristo. Dopo il sacco di Costantinopoli, però, non se ne ricorda più la presenza sul luogo. Tra le ipotesi sulle sorti del lenzuolo nei successivi 150 anni c'è quella secondo cui sarebbe stato **conservato dai Templari**, prima di passare nelle mani di Geoffroy de

Charny. Quest'ultimo, in effetti, apparteneva alla stessa famiglia di un importante dignitario dell'Ordine, sebbene la dibattuta questione dei rapporti fra i due non abbia ancora condotto a risultati definitivi.

1898. Una scoperta eccezionale

Nei giorni fra il 25 e il 28 maggio 1898, durante l'ostensione che doveva ricordare le nozze di Vittorio Emanuele III di Savoia con Elena di Montenegro, celebrate due anni prima, l'avvocato Secondo Pia scattò nel duomo del capoluogo piemontese **le prime fotografie** della Sindone di Torino. Al momento dello sviluppo delle lastre, Pia si rese conto che sul negativo fotografico che gli stava davanti **l'immagine aveva carattere positivo** (rendendo con tonalità chiara i punti chiari della realtà e con tonalità oscura i punti oscuri), mentre sull'originale sindonico e sul positivo fotografico essa aveva carattere negativo (invertendo le tonalità chiare e oscure della realtà). La scoperta suscitò un'emozione fortissima: all'improvviso i tratti dell'uomo sofferente mostrato dalla Sindone acquistavano **familiarità**, in particolare quelli del **volto**.

A questa eccezionale scoperta fecero seguito iniziative molteplici e mai più interrotte nel campo della ricerca scientifica. Si fa coincidere con quella data l'origine della "sindonologia" e **l'inizio della "storia scientifica" della Sindone**. Già nei primi anni del XX secolo, grazie alla fotografia, i medici legali poterono effettuare una lettura "topografica" dell'immagine, esaminandone le diverse regioni anatomiche e mettendo in evidenza le numerosissime ferite presenti sul corpo dell'uomo della Sindone.

Indagine sulla Passione

Com'era la tomba di Gesù?

Gli usi dei giudei per la sepoltura prevedevano l'**unzione del corpo con oli aromatici** e l'**avvolgimento in bende o lenzuola**. Le tombe, a uso familiare, spesso erano ricavate da grotte situate fuori dal perimetro urbano e adattate per il culto dei defunti.

Le famiglie più povere si accontentavano in realtà della sepoltura nella terra, segnalata da una semplice stele di pietra. I dettagli sui quali concordano gli evangelisti, però, ci portano a guardare a un'altra tipologia, molto più elaborata, per la sepoltura di Gesù. Si tratta di sepolcri piuttosto diffusi lungo tutto il perimetro urbano della città di Gerusalemme e che presentano caratteristiche pressoché unanimi. In genere, veniva **scavata nella roccia una camera sepolcrale** dotata di ingresso e vestibolo. Le tombe più elaborate avevano un cortile di accesso, un *miqveh* (o bagno rituale) e una facciata decorata con colonne. Dai dettagli dei vangeli si deduce che l'ingresso della tomba di Gesù fosse chiuso da **una pietra con la forma di una macina da mulino**, che rotolava nel canaletto apposito.

All'interno, dal vestibolo partivano le camere sepolcrali con i loculi per le sepolture. I casi più numerosi erano quelli dei loculi detti *kochim* o forni, fori scavati in senso perpendicolare lungo il lato della camera, entro i quali venivano deposti i sarcofagi o le salme. Una seconda forma, detta **ad arcosolio**, presentava un piano (o banco) di sepoltura pronto per la deposizione del corpo, sovrastato da **un arco scavato nella parete rocciosa**. Questo tipo di loculo è ritenuto più dispendioso, perché poteva offrire soltanto tre arcosolii in ciascuna camera, mentre le sepolture a forno potevano essere aumentate fino all'esaurimento dello spazio. Dai dati evangelici e dalla ricostruzione che venne fatta in seguito nell'edicola posta sopra la tomba, si ritiene che **la sepoltura di Gesù venne effettuata in un loculo ad arcosolio**. Giuseppe di Arimatea era facoltoso e possedeva il giardino con la grotta scavata per la sua sepoltura. Non sorprende quindi che avesse preparato per sé una tomba elaborata.

Qual è l'origine dell'impronta?

Uno dei più importanti temi di ricerca legati alla Sindone riguarda **l'origine dell'immagine sul lenzuolo**. Una delle molte ipotesi è che a causare l'impronta possano essere state le reazioni chimiche tra i vapori cadaverici e l'aloe e la mirra presenti sul lenzuolo. Un'altra, che l'immagine sia stata realizzata con tecniche pittoriche di vario genere. Altri ancora hanno supposto che possano averla generata radiazioni (provenienti dal corpo stesso o da sorgenti esterne) oppure fenomeni fisici o biologici.

Nell'ottobre del 1978, gli scienziati dello *Shroud of Turin Research Project* effettuarono una serie di esami sul telo, accertando l'**assoluta mancanza di pigmenti o coloranti**, dimostrando che l'immagine corporea è assente al di sotto delle macchie di sangue (e dunque si è formata successivamente a esse) e che è dovuta a una **ossidazione-disidratazione della cellulosa delle fibre superficiali del tessuto**, rilevabile per una profondità di circa 40 micrometri (4 centesimi di millimetro).

Le macchie di colore rosso presenti sulla Sindone sono da sempre state considerate tracce di sangue. Nel 1978 campioni di questo materiale sono stati prelevati da due *équipe*, una italiana e una americana, che hanno accertato dapprima la presenza di emoglobina e albumina, poi che **le caratteristiche sono tipiche del sangue umano** e infine che questo è di gruppo AB.

Nel 1977, scienziati americani avevano sottoposto l'immagine della Sindone a elaborazione elettronica, scoprendone **caratteristiche tridimensionali** non possedute né da dipinti né da normali fotografie. Pochi mesi più tardi studiosi torinesi ottennero, indipendentemente, immagini tridimensionali ad alta definizione che evidenziarono particolari altrimenti non visibili, ad esempio le tracce, sulla palpebra destra, di un oggetto probabilmente identificabile con **una moneta romana coniata nella prima metà del I secolo d.C.**

Gli scienziati torinesi riuscirono anche a ottenere un'immagine del volto privo delle ferite, **il volto reale dell'uomo della Sindone**. Qualche anno dopo ne effettuarono l'elaborazione elettronica in parallelo con le principali icone del volto di Gesù del primo millennio evidenziando un altissimo numero di punti simili, tali da far ritenere molto probabile l'ipotesi che il volto dell'uomo della Sindone sia stato **il prototipo della prima iconografia cristiana**, almeno a partire dal VI secolo.

La questione dei pollini

Alla fine degli anni Novanta, l'ebreo israeliano Avinoam Danin, ricercatore di botanica all'Università ebraica di Gerusalemme, scoprì sulla Sindone **tracce di fogliame e pollini** che, affermava, potevano provenire solo dai dintorni della Città Santa.

Nel 1973 anche l'esperto della polizia criminale svizzera Max Frei aveva esaminato il telo al microscopio trovando frammenti di piante e polline. Dopo numerosi viaggi in Israele per raccogliere campioni di vegetali, aveva **identificato venticinque specie**. Morì, però, prima di completare le ricerche. Le sue scoperte furono confermate dagli statunitensi Alan e Mary Whanger. Nel 1985, osservando una fotografia della Sindone, notarono **i contorni di un fiore poi identificato come un crisantemo giallo**. Incuriositi, esaminarono altri ingrandimenti scoprendovi impressi centinaia di fiori, ventotto specie in totale. Nell'intento di classificarle chiesero assistenza al professor Danin che identificò, tra l'altro, alcuni baccelli di una pianta capperacea, lo ***Zygophyllum dumosum***. «Dato che lo *Zygophyllum* cresce solo in Israele, Giordania e Sinai – scrive nel 1997 – la sua presenza consente di **individuare con precisione la zona d'origine della Sindone**».

In quattordici anni di studio, Danin e i suoi collaboratori hanno rilevato più di **trecento corolle di fiori poste ordinatamente intorno al capo dell'uomo della Sindone**, probabilmente usate per coprire l'odore della decomposizione. Molte delle specie individuate corrispondono a quelle dei pollini identificati da Frei.

Secondo il botanico, foglie e fiori sarebbero stati **raccolti probabilmente in primavera**. I critici fanno osservare che anche gli ulivi, abbondanti nell'area, sono in piena fioritura in quella stagione e dovremmo trovarne traccia. La venerazione della Sindone, inoltre, avrebbe comportato per secoli possibilità di contaminazione con pollini e altre particelle.

Danin, ammesso più volte a **esaminare il lenzuolo da vicino**, ribadisce gli esiti delle sue ricerche, che ha presentato in una serie di conferenze internazionali dal 2004 e raccolto in vari volumi.

Inchiesta sul carbonio 14

Nel 1988 furono prelevati dalla Sindone **tre campioni di tessuto** per essere sottoposti alla datazione con il metodo del **radiocarbonio**, il cosiddetto C14. Questo metodo, largamente utilizzato in archeologia, viene usato per datare reperti di origine organica; il carbonio, infatti, è un elemento presente in tutta la materia vivente e il C14 è un suo isotopo instabile e dunque radioattivo. Mentre l'organismo è in vita, l'emissione di particelle radioattive si equilibra attraverso lo scambio con l'esterno. Dal momento in cui cessa la vita, la quantità del radioisotopo non si rinnova più e diminuisce con decrescenza costante. Misurando la quantità di C14 rimasto, dunque, è possibile risalire all'età del reperto.

I laboratori incaricati dell'esame (Oxford, Tucson e Zurigo) assegnarono al tessuto una **data compresa tra il 1260 e il 1390 d.C.** Questi esiti sono da anni **oggetto di ampio dibattito** tra gli studiosi circa l'attendibilità di questo metodo per datare un oggetto con caratteristiche così peculiari come la Sindone. La datazione medioevale **contrasta con i risultati ottenuti in altri campi**, inoltre non è facile accertare se nei secoli non si sia aggiunto nuovo C14 a quello presente al momento del taglio del lino utilizzato per tessere il lenzuolo. Studi su tessuti antichi hanno ulteriormente riaperto il dibattito; risultati sperimentali sembrano infatti provare che contaminazioni di tipo biologico, chimico e tessile sono in grado di **alterare considerevolmente l'età radiocarbonica di un tessuto**.

La Sindone è certamente stata sottoposta a **contaminazioni** di tipo biologico (lo provano le microtracce ritrovate su di essa), chimico (in conseguenza dell'incendio patito a Chambéry) e tessile (la zona del prelievo sembra avere caratteristiche diverse dal resto del telo, facendo presumere che sia stata oggetto di rammendo). «I risultati sperimentali – afferma Bruno Barberis, direttore del Centro internazionale di sindonologia di Torino – meritano di essere studiati e verificati tramite un programma di ricerche e nuovi esami che consentano di valutare l'introduzione di **un opportuno fattore di correzione alla data radiocarbonica**. Pertanto il problema della datazione della Sindone risulta aperto».

Il sacro lino visto dai Papi

La Chiesa cattolica, pur raccogliendo dalla tradizione la possibilità che la Sindone sia davvero il lenzuolo che ha avvolto il corpo di Gesù, al momento attuale **non si pronuncia ufficialmente sulla sua autenticità**. Il compito di stabilire quando e in che modo l'immagine si sia formata sul telo è lasciato alla scienza. La Chiesa ne autorizza però il culto, riconoscendone il valore di «specchio» della Passione di Cristo, impressionante immagine di un uomo crocifisso, flagellato, ferito e incoronato di spine. Molti Papi, nell'epoca contemporanea, si sono espressi in proposito.

Paolo VI

Che l'ostensione della Sacra Sindone aiuti veramente tutti a scoprire la molteplice fecondità racchiusa nello «scandalo della Croce» di Cristo (Gal 5,11; cf. 1 Cor 1,17-23) e che il popolo di Dio colga da ciò un rinnovato vigore per il suo pellegrinaggio terreno, con lo scopo di partecipare anche, allo stesso modo, della sua gioiosa Resurrezione (cf. Rom 6,5; Fil 3,10-11).

Dalla lettera a S. E. Mons. Anastasio Alberto Ballestrero, Arcivescovo di Torino, in occasione dell'ostensione della Sacra Sindone (29 giugno 1978)

Giovanni Paolo II

Ciò che soprattutto conta per il credente è che la Sindone è specchio del Vangelo. In effetti, se si riflette sul sacro Lino, non si può prescindere dalla considerazione che l'immagine in esso presente ha un rapporto così profondo con quanto i Vangeli raccontano della passione e morte di Gesù che ogni uomo sensibile si sente interiormente toccato e commosso nel contemplarla.

Dal discorso pronunciato dal Santo Padre di fronte alla Sacra Sindone (24 maggio 1998)

Benedetto XVI

Come parla la Sindone? Parla con il sangue, e il sangue è la vita! La Sindone è un'Icona scritta col sangue; sangue di un uomo flagellato, coronato di spine, crocifisso e ferito al costato destro. L'immagine impressa sulla Sindone è quella di un morto, ma il sangue parla della sua vita. Ogni traccia di sangue parla di amore e di vita. Specialmente quella macchia abbondante vicina al costato. (...) È come una sorgente che mormora nel silenzio, e noi possiamo sentirla, possiamo ascoltarla, nel silenzio del Sabato Santo.

Dalla meditazione del Santo Padre, pronunciata di fronte alla Sacra Sindone (2 maggio 2010)

Francesco

Questo Volto sfigurato assomiglia a tanti volti di uomini e donne feriti da una vita non rispettosa della loro dignità, da guerre e violenze che colpiscono i più deboli. Eppure il Volto della Sindone comunica una grande pace; questo Corpo torturato esprime una sovrana maestà. È come se lasciasse trasparire un'energia contenuta ma potente, è come se ci dicesse: abbi fiducia, non perdere la speranza; la forza dell'amore di Dio, la forza del Risorto vince tutto.

Video-messaggio del Papa, in occasione dell'ostensione televisiva (30 marzo 2014)

Indice

Introduzione 3

I luoghi della Passione

Nell'orto dell'Agonia 7
La via della Croce 9
Dal Calvario al Sepolcro 11

Lo specchio della Passione

La Sindone e i Vangeli 17
Cosa vediamo sulla Sindone 20
Un lungo viaggio 23
La Sindone e i Templari 25

Indagine sulla Passione

Com'era la tomba di Gesù? 29
Qual è l'origine dell'impronta? 30
La questione dei pollini 32
Inchiesta sul carbonio 14 33

Il sacro lino visto dai Papi 34

- **Mostra storico-didattica in 25 pannelli** che, attraverso testi e immagini, vuole offrire spunti utili a ricollocare la reliquia nel suo contesto originario: la Terra Santa dei tempi di Gesù, la cultura giudaica del I secolo, il racconto evangelico della Passione e Resurrezione.

- **Applicazione gratuita per smartphone e tablet** legata alla mostra, che riporterà gli stessi testi e immagini con l'aggiunta di approfondimenti e contenuti multimediali.

- **Il libro** *100 cose da sapere sulla Sindone* (di R. Russo, Edizioni Terra Santa), che approfondisce ulteriormente il tema con schede sintetiche ma esaustive.

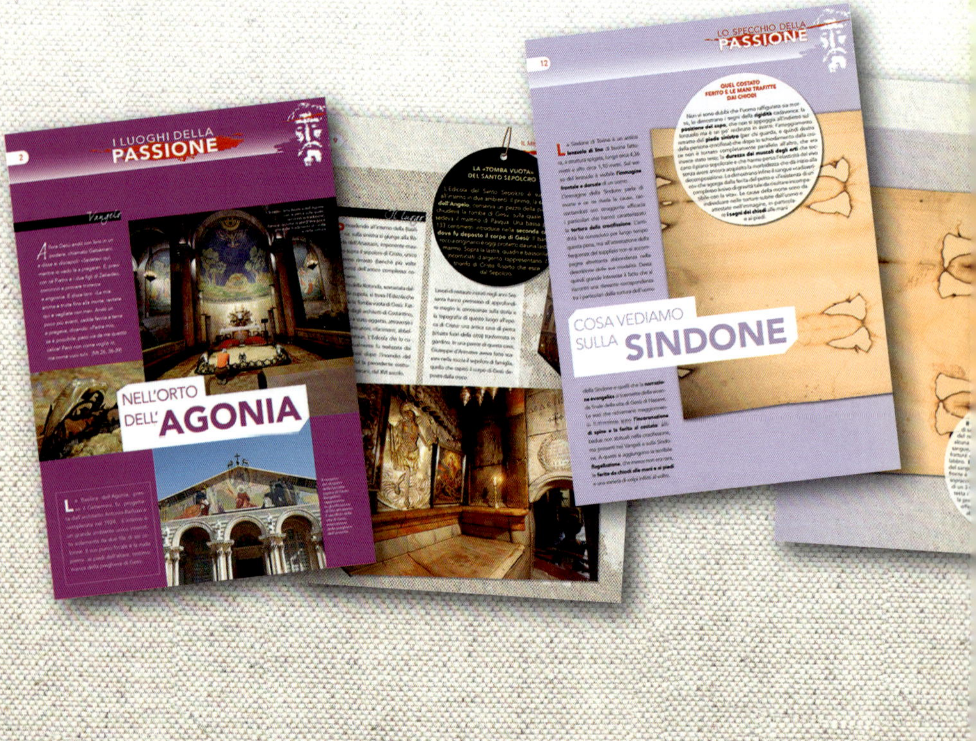